Les Titres Non-Fiction par Janvier Chando

ICÔNES ET SCÉLÉRATS: Les Assassinats Politiques Récents qui ont Transformé les Pays…
LES HÉROS FALLES: Les Dirigeants Africains dont les Assassinat sont Désorganisé…
CAMEROUN: Le Système de Marionnettes Dysfonctionnel de la France…
UKRAINE: Le Bras de Fer entre la Russie et l'Occident
LE CAMEROUN: Le Cœur Hanté de l'Afrique

Les Titres Fiction par Janvier Chando

The Usurper: et Autres Histoires
Agent Triple, Double Croix
Les Disciples de Fortune
L'Union Moujik
Le Flash du Soleil
L'Appel de Fortune
Le Maître de Fortune
Les enfants de Fortune
La Fille sur le Sentier
La Légende du Feu et de la Glace
La Plus Douce Folie
Les Grand-mères
L'Incendie de la Faim
Moi avant Eux
Le Père et les Fils
Les Médecins
Les Teintes Sombres
Liens Fatidique
Le Verdict de l'Hadès
Le Procès de Sa Majesté
La Folie de Ngoko
L'Usurpateur
Le Dot
Je suis Détesté
Le Lourdaud

Les Nouveaux Titres de Janvier Chando

Le Faucon Blanc
Les Amis Mortels
Les Ours de Norilsk
La Dérive à la Maison

LA LÉGENDE QUI A INSPIRÉ UN CONTINENT: L'Assassinat d'Augusto C. Sandino du Nicaragua et la Montée des Sandinistes et des Forces de Gauche en Amérique Latine

Janvier T. Chando

TISI BOOKS

NEW YORK, RALEIGH, LONDON, AMSTERDAM

LA LÉGENDE QUI A INSPIRÉ UN CONTINENT: L'Assassinat d'Augusto C. Sandino du Nicaragua et la Montée des Sandinistes et des Forces de Gauche en Amérique Latine

Droits D'auteur © 2020 par Janvier Chando

ISBN-13: 979-8-68-821942-5
ISBN-10: 8-68-821942-7

PUBLIÉ PAR TISI BOOKS
www.tisibooks.com

NEW YORK, RALEIGH, LONDRES, AMSTERDAM

Imprimé aux États-Unis d'Amérique

REMERCIEMENTS

Des mots de remerciement particuliers à Salomon Muna Yakana avec qui nous avons discuté de l'héritage de Sandino et dont la mémoire vit toujours avec ceux qu'il a profondément touchés.

DÉVOUEMENT

Le livre est dédié à tous les dirigeants emblématiques et légendaires dont les buts étaient de servir l'humanité et de faire progresser le bien-être de l'humanité, en particulier ceux qui ont été interrompus dans leurs missions historiques par les forces du mal de ce monde.

LA LÉGENDE QUI A INSPIRÉ UN CONTINENT:

L'Assassinat d'Augusto C. Sandino du Nicaragua et la Montée des Sandinistes et des Forces de Gauche en Amérique Latine

Les Citations par Augusto Sandino

"L'homme qui n'exige pas une poignée de terre de sa patrie pour son enterrement, mérite d'être entendu, et non seulement d'être entendu mais aussi d'être cru.»

"Ce mouvement est national et anti-impérialiste. Nous hissons le drapeau de la liberté pour le Nicaragua et pour toute l'Amérique Espagnole. Pour le reste dans le domaine social, ce mouvement est populaire.»

"Je ne suis pas disposé à remettre mes armes au cas où tout le monde le ferait. Je mourrai avec le petit nombre qui m'accompagne car il est préférable de nous faire mourir en rebelles et non en esclaves.»

«Pour changer un système social oppressif, le seul besoin est l'existence d'un homme avec un minimum de dignité.»

"Mon plus grand honneur est de sortir du sein des opprimés, qui sont l'âme et le nerf des humains.»

"Nous irons au soleil de la liberté ou à la mort; et si nous mourons, notre cause continuera à vivre. D'autres nous suivront.»

"J'ai placé l'amour de mon pays au-dessus de toutes les amours, et vous devez vous convaincre que pour être heureux avec moi, il faut que le soleil de la liberté brille sur nos fronts.»

"Je veux un pays libre ou mourir.»

"Notre armée est la plus disciplinée, la plus abnéguée et la plus altruiste du monde, car elle est consciente de son rôle historique élevé.»

"La souveraineté ne doit pas être discutée, elle doit être défendue les armes à la main.»

"J'ai récemment dit à mes amis que s'il y avait une centaine d'hommes au Nicaragua qui l'aimaient autant que moi, notre nation retrouverait sa souveraineté absolue. Mes amis m'ont répondu qu'il y aurait peut-être autant d'hommes au Nicaragua, ou plus.»

«Venez, meute de drogués à la morphine; venez nous tuer dans notre propre pays, et je vous attendrai debout à la tête de mes soldats patriotiques, sans vous soucier du nombre d'entre vous; gardez à l'esprit que lorsque cela se produira, la destruction de votre grandeur secouera le Capitole à Washington, avec votre sang rougissant la sphère blanche couronnant votre célèbre Maison Blanche, la caverne où vous complotez vos crimes.»

Contenu

LES CARTES

Carte de l'Amérique Latine

Le Nicaragua sur une Carte du Monde

Une Carte du Nicaragua

INTRODUCTION

Dans ma recherche de la raison pour laquelle certains points géopolitiques existent dans le monde, dans ma curiosité pour comprendre pourquoi certains pays et le monde en général ont connu des changements soudains et dramatiques qui ont conduit à la guerre, à l'instabilité ou à une réorientation de leur Des politiques nationales et étrangères qui ont non seulement affecté ces pays mais aussi influencé certaines régions ou le monde entier, j'ai exploré les assassinats politiques au cours des dizaines de décennies passées qui ont changé notre monde. Par notre monde, je veux dire nos communautés, pays, régions et l'humanité dans son ensemble.

En traitant les différents assassinats qui ont eu lieu au cours des années, j'ai utilisé une approche caractérisée par la sociologie politique, où j'ai analysé succinctement les facteurs historiques et sociaux qui ont conduit non seulement aux assassinats, mais aussi à l'assassinat de ces personnages historiques. Et à partir de ces facteurs, nous sommes présentés avec une idée ou des images de la façon dont la société affectée a évolué depuis le (s) événement (s) traumatique (s).

A partir des contrecoups qui ont suivi l'assassinat de personnages historiques, légendaires ou iconiques, nous pouvons apprendre quelque chose d'utile et proposer des scénarios ou des attentes en tant que calamités si des leaders particuliers sont assassinés, et agir ainsi en empêchant leurs assassinats.

Chapitre 1

Augusto Sandino

S'il y a un pays d'Amérique Latine en plus de Cuba qui s'est fait un nom démesuré en géopolitique par rapport à sa population, sa masse continentale et ses ressources, c'est bien le Nicaragua. La construction de cette réputation, de cet héritage ou de ce personnage a commencé avec la montée en puissance d'Augusto Nicolás Sandino, un révolutionnaire Nicaraguayen qui a mené une rébellion contre l'intervention militaire et l'occupation du Nicaragua par les États-Unis d'Amérique entre 1927 et 1933.

Né le 18 Mai 1895 dans la petite ville de Niquinohomo située dans le département de Masaya sur la côte ouest du Nicaragua, Augusto Nicolás Sandino, également connu sous le nom d'Augusto César Sandino, était le fils illégitime d'un riche propriétaire foncier d'origine Espagnole appelé Gregorío Sandino et Margarita Calderón, sa servante indigène. Il vivra avec sa mère jusqu'à l'âge de neuf ans, date à laquelle son père l'a emmené dans sa propre maison pour qu'il puisse commencer ses études. On pourrait dire que c'est à cause de sa conscience de la manière dont son père le traitait initialement, lui et ses autres enfants légitimes, qu'il a développé un dégoût pour l'injustice à un très jeune âge.

La conscience politique et les impulsions révolutionnaires d'Augusto Sandino se sont enflammées après avoir été témoin de l'intervention des troupes Américaines au Nicaragua dans la répression d'un soulèvement contre le président Nicaraguayen Adolfo Díaz, marionnette des États-Unis d'Amérique en Juillet 1912. Le jeune Sandino était particulièrement découragé par la mort du général Nicaraguayen Benjamín Zeledón de la

Concordia le 4 Octobre de la même année lors de la bataille de Coyotepe Hill, lorsque les Marines Américains ont repris le fort Coyotepe et la ville de Masaya des mains des rebelles Nicaraguayens. En fait, il pouvait à peine se contenir en observant le cadavre de Zeledón alors qu'il était transporté sur un char à bœufs qui était conduit par les Marines Américains, pour l'enterrement à Catarina.

La rébellion étant réprimée, le président du Nicaragua de l'époque, Adolfo Díaz, a signé le traité Bryan-Chamorro qui accordait aux États-Unis les droits exclusifs de construire un canal interocéanique à travers le Nicaragua. Par la suite, Adolfo Díaz, dont les maîtres Américains ont appelé «Notre Nicaraguayen», régnera avec un fort soutien Américain jusqu'à ce que son mandat de président prenne fin en Janvier 1917, d'où il partit aux États-Unis, où il vécut un certain temps.

Une autre phase de la vie de Sandino commença en 1921 quand il tenta, mais échoua, de tuer Dagoberto Rivas, le fils d'un éminent citadin Conservateur, à cause des propos désobligeants que Dagoberto Rivas avait faits à propos de la mère de Sandino. Il a fui le Nicaragua au Honduras après la tentative, puis s'est rendu au Guatemala, avant de se rendre finalement au Mexique, où il a travaillé à la raffinerie "Américaine Standard Oil" près du port de Tampico. C'est dans cette ville Mexicaine qu'il s'est engagé dans des activités syndicales. Même si la ferveur révolutionnaire au Mexique commençait à décliner, Sandino en a été infecté suite à son implication avec l'Église adventiste du septième jour, des gourous spirites, des anti-impérialistes, des anarchistes et des révolutionnaires communistes. Cependant, ce qui l'attirait le plus était l'anticléricalisme de la révolution Mexicaine et l'idéologie de l'*indigénismo* (Indigénisme) qui glorifiait l'héritage indigène de l'Amérique Latine.

Après treize ans de présence de troupes Américaines au Nicaragua, le dernier détachement de Marines Américains se retira en 1925, mettant fin à la première occupation Américaine du Nicaragua (1912-1925). Les États-Unis ont retiré leurs troupes cette année-là après avoir été convaincus que le pays était enfin stable. Cela faisait suite à une coalition entre les ailes modérées des partis rivaux Conservateur et Libéral au Nicaragua, une coalition qui a remporté les élections présidentielles de 1924 sous le Conservateur Carlos Solórzano en tant que président et le Libéral Juan Bautista Sacasa en tant que vice-président. Cependant, ce gouvernement a été de courte durée car la droite du Parti Conservateur a lancé un coup d'État un an après l'arrivée au pouvoir du duo Solórzano/Sacasa.

Chapitre Deux

La Guerre Civile Nicaraguayenne, autrement appelée "Guerre Constitutionnaliste", a été déclenchée par le coup d'État du 2 Mars 1926 du général Emiliano Chamorro Vargas qui a mis fin au gouvernement de coalition de 14 mois du président démocratiquement élu Carlos José Solórzano du Parti Conservateur et son vice-président Dr. Juan B. Sacasa du Parti Libéral. Une rébellion a été déclenchée après que les membres du Parti Libéral ont repoussé.

Même si Solórzano a démissionné après le coup d'État, le siège présidentiel est resté vacant car son vice-président Sacasa, qui était normalement censé devenir le prochain président, avait fui le pays après avoir été accosté par des soldats Conservateurs. Son absence forcée a permis au Congrès Nicaraguayen de ne nommer personne d'autre qu'Emiliano Chamorro Vargas à la présidence provisoire.

Le général Emiliano Chamorro Vargas, qui était président du Nicaragua du 1er Janvier 1917 au 1er Janvier 1921 (il fut remplacé par son parent Diego Manuel Chamorro) appartenait à la puissante famille Chamorro. En tant que chef du Parti Conservateur, il avait espéré faire un retour en remportant l'élection présidentielle de 1924, mais a été contrecarré dans ses efforts par Bartolomé Martínez (qui a prêté serment pour servir le reste du mandat de Diego Manuel Chamorro en tant que 15e président de Nicaragua du 27 Octobre 1923 au 1er Janvier 1925, après la mort de Diego Manuel Chamorro au pouvoir). Bartolomé Martínez était contre les Conservateurs de Grenade dirigés par Emiliano Chamorro Vargas, et a donc accepté l'idée d'un Parti de coalition de modérés relatifs, qui a ensuite créé un ticket électoral transactionnel avec le Républicain Conservateur Carlos José Solórzano candidat à la présidence et un Libéral, le Dr. Juan Bautista Sacasa, comme son colistier. En conséquence, Emiliano Chamorro Vargas n'a jamais pardonné aux Républicains Conservateurs de l'avoir empêché de revenir au pouvoir et a ainsi orchestré le renversement du gouvernement de Carlos José Solórzano.

Sandino est retourné au Nicaragua le 15 Mai 1926, deux mois après le début de la guerre civile, lorsque les exilés Libéraux dirigés par le Dr Juan Bautista Sacasa, le vice-président du gouvernement déchu, ont décidé de chasser le nouveau gouvernement Vargas du pouvoir. Le général José María Moncada, le chef militaire de cette expédition militaire Libérale, a été aidé par un autre général Libéral appelé Anastasio Somoza García. Leur action contre Emiliano Chamorro Vargas a déclenché la «Guerre Constitutionnaliste» qui a vu le gouvernement de gauche du Mexique fournir des armes aux rebelles. Les États-Unis d'Amérique ont réagi en envoyant des navires de guerre au

Nicaragua en Septembre 1927. Malgré des efforts concertés pour résoudre le problème, les États-Unis n'ont pas réussi à amener les deux parties à trouver une solution au conflit. Cependant, lorsque le Parti Conservateur a renoncé à Emiliano Chamorro Vargas, les États-Unis ont rapidement soutenu l'action, une décision qui a forcé l'homme fort Nicaraguayen à démissionner le 11 Novembre 1926, au profit d'Adolfo Díaz, celui auquel il avait succédé à la présidence en 1917.

Les choses prendraient une tournure inattendue lorsque vingt jours après l'arrivée au pouvoir d'Adolfo Diaz, le Dr Juan Bautista Sacasa, le demandeur présidentiel, retourna au Nicaragua et proclama un gouvernement rival de la ville côtière de l'Atlantique de Puerto Cabezas, un gouvernement que le Mexique seul reconnaissait. Le président Américain Calvin Coolidge a réagi en envoyant des Marines Américains au Nicaragua. Ils débarquèrent à Puerto Cabezas le 24 Décembre 1926, déclarèrent la zone "Une Zone Neutre", puis se mirent à désarmer et à chasser les soldats Libéraux de là. Le président Américain est allé plus loin en levant l'embargo Américain sur les armes contre le gouvernement Nicaraguayen en Janvier 1927, rendant ainsi légal pour les États-Unis de fournir un soutien militaire aux Conservateurs. Davantage de troupes Américaines arriveraient au Nicaragua après ce mouvement sous prétexte de protéger la vie et les biens des citoyens Américains, et sur la base des affirmations selon lesquelles le Mexique était sur le point d'envoyer des troupes au Nicaragua pour aider les Libéraux.

C'est le retour de Sacasa au Nicaragua pour affronter

ouvertement Adolfo Diaz qui a incité Augusto Sandino, qui à l'époque était un dirigeant influent de sa communauté locale, à participer à la Guerre Constitutionnaliste. Cependant, lorsqu'il est arrivé à Puerto Cabezas et a fait connaître ses projets, il a à peine attiré l'intérêt du Général José María Moncada. Le général ne faisait pas confiance à Sandino à l'époque parce qu'il menait ses opérations de délit de fuite contre les Forces Conservatrices indépendamment de l'Armée Libérale. Mais cela n'a pas dissuadé Sandino. Il était toujours à Puerto Cabezas lorsque les Marines Américains y ont débarqué, ont déclaré la zone une "Zone Neutre", puis ont commencé à désarmer les soldats Libéraux de la région. Ainsi, lorsque Sandino a capturé des fusils à des soldats Conservateurs, il a gagné le respect de Moncada et de Sacasa, ainsi que le droit à une commission.

Avec plus d'armes en sa possession, Sandino et ses hommes se dirigèrent vers la région montagneuse du nord, atteignant finalement San Rafael del Norte, qu'il transforma en son quartier général militaire et en forteresse. C'est à partir de cette base qu'il recruta vigoureusement les paysans locaux pour son armée, puis se mit à attaquer les troupes gouvernementales avec un succès croissant. En Avril 1927, il était si puissant que ses forces jouèrent un rôle vital en aidant la principale colonne de l'Armée Libérale à avancer sur la capitale Nicaraguayenne de Managua.

En fait, le général Moncada semblait sur le point de s'emparer de la capitale lorsque l'armée Américaine, en particulier son armée de l'air, a commencé à aider ouvertement les Forces Conservatrices, affirmant que ses pilotes et soldats agissaient volontairement et sans ordre officiel. À la fin du mois, l'avancée Libérale avait été stoppée sur la plupart des fronts, les gains Libéraux étaient annulés, le général Moncada était presque complètement encerclé et il semblait que ses forces étaient sur le point d'être vaincues à Chontales, une ville située à une centaine de kilomètres de Managua. En fait, les Marines Américains, qui étaient officiellement des observateurs, commençaient à vanter une défaite militaire Libérale lorsque des rapports ont rapidement atteint les médias internationaux sur la victoire incroyable d'un bataillon Libéral dirigé par un général inconnu nommé Sandino, qui venait de capturer la ville de Jinotega des Forces Conservatrices en Avril 1927, et que lui et ses forces étaient en route pour sauver le général Moncada.

Sandino et ses forces allaient se réunir avec plusieurs généraux Libéraux qui avaient été vaincus dans d'autres parties du pays. Ils uniraient leurs forces et se rendraient à Chontales pour briser le siège des forces du général Moncada, avec les soldats de Sandino en tête dans une campagne qui s'est terminée par des Forces Conservatrices en fuite vers la capitale où ils espéraient se regrouper. Le général Moncada ordonnerait à Sandino de rester et de protéger l'un des flancs, pendant qu'il lançait une contre-offensive visant à prendre Managua. Sandino s'est conformé et envisageait de lancer une attaque contre les Forces Conservatrices dans la ville de Boaco lorsqu'il a reçu des informations lui demandant d'observer une trêve de 48 heures que le général Moncada avait accepté, afin qu'il puisse rencontrer les Conservateurs, avec les États-

Unis d'Amérique agissant en tant que médiateur.

Comment les événements menant à la médiation se sont-ils déroulés si vite?

Alors que le mois d'Avril 1927 touchait à sa fin, l'administration Américaine de Calvin Coolidge a commencé à utiliser l'approche de la carotte et du bâton avec plus de force — menaçant d'intervenir ouvertement militairement contre les Libéraux, et en même temps cherchant à faire la médiation entre les belligérants afin pour mettre fin aux hostilités. Les experts soutiennent que c'est la menace d'une intervention militaire qui a forcé les généraux Libéraux à accepter un cessez-le-feu. Cependant, Sandino n'a pas été consulté lorsque le 4 Mai 1927, l'envoyé Américain pour la paix Henry L. Stimson a organisé la réunion entre le général Moncada et les représentants Conservateurs à Tipitapa, une ville pittoresque qui se trouve le long de la rivière du même nom. Le général Libéral accepterait la paix de Tipitapa appelée «Le Pacte d'Espino Negro», censée mettre fin au conflit. Le général Moncada et les Conservateurs ont convenu qu'Adolfo Díaz resterait président du Nicaragua jusqu'en 1928, date à laquelle une nouvelle élection supervisée par les Américains aurait lieu à laquelle le général Moncada pourrait participer en tant que candidat, que les deux parties au conflit désarmeraient, qu'un une nouvelle Garde Nationale serait formée, et que tout soldat qui rendrait un fusil ou une mitrailleuse recevrait l'équivalent de dix dollars Américains. L'accord reconnaissait également la présence de troupes Américaines sur le sol Nicaraguayen.

Un baromètre de l'acceptabilité de l'accord était le fait que les Libéraux ont livré 31 mitrailleuses et 3 704 fusils, tandis que les Conservateurs ont livré 308 mitrailleuses et 10 445 fusils.

Augusto Sandino, Le Rebelle et Révolutionnaire

Chapitre Trois

Sacasa, qui n'a pas participé aux négociations, s'est enfui au Costa Rica lorsqu'il en a entendu parler. Sandino, pour sa part, a qualifié cet accord de trahison, a juré de ne pas déposer les armes et a déclaré que lui et ses hommes continueraient de se rebeller contre le gouvernement d'Adolfo Díaz tant que les troupes étrangères resteraient sur le sol Nicaraguayen. Sa déclaration a entamé une autre phase de sa vie de révolutionnaire Nicaraguayen, Libérateur et chef de la rébellion de 1927-1933 contre l'occupation militaire Américaine du Nicaragua.

Même si les États-Unis d'Amérique et le gouvernement Diaz au Nicaragua le qualifieraient de «bandit» vivant des agressions et de la contrebande, ses exploits en attirant des unités du Corps des Marines des États-Unis dans une guérilla non déclarée ferait de lui un héros quand même dans une grande partie de l'Amérique Latine, où il était considéré comme un symbole de la résistance à la domination Américaine de l'hémisphère occidental. Le poète Hondurien Froylán Turcios, directeur du magazine «Ariel» et grand admirateur des actions de Sandino, devint le représentant extérieur de Sandino après avoir rencontré le chef partisan le 8 Septembre 1927. Par lui et ses nombreux contacts, Sandino et sa lutte sandiniste se sont fait connaître sous un jour positif dans la presse internationale et dans les journaux du Mexique, de Colombie, d'Argentine, du Brésil et même des États-Unis d'Amérique, forçant ainsi le gouvernement des États-Unis d'Amérique à se défendre en affirmant que le Les Marines Américains stationnés au Nicaragua étaient là pour garantir des élections libres et équitables.

Lorsque Sandino a nommé son groupe partisan «L'armée de défense de la souveraineté nationale du Nicaragua», puis a adopté un drapeau avec des bandes rouges et noires, et une devise qui disait «Patrie et liberté» (*Patria y Libertad*), il a marqué une nouvelle phase de la lutte. En fait, la campagne de guérilla efficace des sandinistes obligerait l'armée Américaine à augmenter le nombre de soldats et de matériels qu'elle avait au Nicaragua et à commencer le recrutement et la formation d'une armée Nicaraguayenne locale dirigée par les Américains, connue sous le nom de Garde Nationale. Comme la campagne contre Sandino et son mouvement se poursuivait avec peu de choses à montrer; comme les sandinistes aux armes inférieures infligeaient des pertes aux Marines Américains et aux gardes nationaux, et que les bombardements de l'armée de l'air Américaine et le gouvernement Nicaraguayen a détruit à la fois les communautés civiles et les camps de guérilleros, les opinions en faveur des sandinistes se sont développées parmi de nombreux écrivains, organisations et public Latino-Américains.

En fait, les partisans de Sandino l'ont déclaré un héros luttant contre l'impérialisme Américain pour la dignité de l'Amérique Latine.

L'armée Américaine a continué de trouver inacceptable que Sandino ait exigé:

1. Le retrait immédiat du territoire Nicaraguayen de ce qu'il considérait comme des forces d'invasion

2. Le remplacement d'Adolfo Díaz par un citoyen Nicaraguayen qui n'est pas actuellement candidat à la présidence, et

3. La tenue de nouvelles élections sous la supervision de représentants Latino-Américains et non sous la supervision des Marines des États-Unis d'Amérique.

Sandino n'a pas arrêté sa rébellion même après que le général José María Moncada ait remporté l'élection présidentielle de 1928 sous la supervision des États-Unis et succédé à Adolfo Diaz en Janvier 1929. Cependant, lorsque Moncada a choisi le Dr Juan Bautista Sacasa comme ambassadeur aux États-Unis d'Amérique, puis les deux hommes ont ensuite félicité les États-Unis pour leur intervention au Nicaragua en faveur de la démocratie; il a été abasourdi pendant un moment. Cependant, il quitterait le pays pour le Mexique afin d'obtenir un soutien pour la cause et de permettre aux États-Unis de retirer leurs marines comme promis. Lorsque les Marines des États-Unis n'ont pas réussi à partir, les troupes de Sandino ont repris la guerre de guérilla, même si leur chef était toujours au Mexique, coincé là-bas à cause d'un complot entre les gouvernements Mexicain et Américain qui voulaient le garder le plus longtemps possible. Cependant, il s'éclipserait du Mexique, retournerait dans son bastion du nord du Nicaragua et mènerait une guerre d'usure qui épuisera les deux camps jusqu'à la tenue de l'élection présidentielle de 1932 que Juan Bautista Sacasa remporta contre le candidat Conservateur Adolfo Díaz.

Lorsque les États-Unis ont retiré leurs troupes du Nicaragua en Janvier 1933 conformément à la "Politique de Bon Voisinage", et après l'investiture de Juan Bautista Sacasa comme président du pays, Sandino et son mouvement partisan étaient toujours invaincus. Au total, 130 marines ont été tués au Nicaragua lors de la deuxième présence des Marines des États-Unis dans ce pays d'Amérique centrale dans ce qui est considéré comme la deuxième occupation (1926-1933). Suite au départ des marines, Sandino déclarerait ainsi:

"Je salue le peuple Américain."

En fait, il a tenu son vœu et les sandinistes n'ont jamais attaqué un Américain de la classe ouvrière qui s'est rendu au Nicaragua.

Certains experts attribuent à Sandino et à ses guérilleros

d'avoir permis au Dr Juan Bautista Sacasa de revenir d'exil et de se présenter aux élections de 1932 qui ont été supervisées par les États-Unis, une élection qu'il a gagnée facilement contre Adolfo Díaz. Il y a aussi des experts qui attribuent le retrait des Marines Américains aux activités partisanes des sandinistes, estimant que son mouvement a forcé l'armée Américaine à quitter le Nicaragua. Cependant, l'histoire soutient que les marines sont partis en grande partie en raison des effets de la Grande Dépression et de la promesse que le nouveau président Américain Franklin Delano Roosevelt a faite pendant les campagnes présidentielles de réduire l'ingérence étrangère des États-Unis d'Amérique dans les affaires intérieures d'autres pays.

Même si le Dr Juan Bautista Sacasa est arrivé au pouvoir alors qu'il aurait dû être président en 1925, Sandino l'a félicité de sa victoire et a décidé de ne pas mener d'activités insurgées contre son gouvernement. Il rencontrerait Sacasa à Managua en Février 1934, et non seulement promettrait sa loyauté envers le nouveau président, mais accepterait également d'ordonner à ses forces de rendre leurs armes dans les trois mois. Sacasa accepterait de donner aux soldats qui ont rendu leurs armes des «Droits de Squatters» sur les terres de la vallée de la rivière Coco en échange, avec des exigences supplémentaires que la zone soit gardée par 100 combattants sandinistes sous les ordres du gouvernement, et que les sandinistes aient la préférence en matière d'emploi dans le domaine des travaux publics dans le nord du Nicaragua.

Peut-être que l'histoire du Nicaragua aurait été différente

si Sandino n'était pas resté opposé à la Garde Nationale Nicaraguayenne créée et aidée par les États-Unis, et s'il n'avait pas insisté sur sa dissolution. Cela le rend impopulaire non seulement auprès du général Anastasio Somoza García, qui est devenu le premier Nicaraguayen à devenir chef de la Garde Nationale en 1932, mais également aussi avec les officiers d'Anastasio Somoza Garcia et avec les hommes de troupe de la Garde Nationale. L'opinion générale est que Somoza Garcia n'a pas consulté Sacasa, lorsqu'il a ordonné l'assassinat de Sandino, espérant que cet acte l'élèverait aux yeux des officiers supérieurs de la Garde Nationale. Mais de nombreux experts estiment que ses mentors Américains étaient en phase avec le plan qui a conduit à l'assassinat de Sandino le 21 Février 1934.

Ce fut le jour où le dirigeant sandiniste a assisté à une nouvelle série de discussions avec Sacasa. Il était accompagné de son père, de son frère Socrate, de deux de ses généraux préférés — Estranda et Umanzor — et du poète Sofonías Salvatierra (qui était le ministre de l'Agriculture de Sacasa). Les six hommes quittaient le palais présidentiel de Sacasa dans leur voiture lorsque les gardes nationaux locaux ont arrêté la voiture à la porte principale et leur ont ordonné de sortir et de laisser la voiture derrière eux. Les gardes ont emmené Sandino, son frère Socrate et ses deux généraux à un carrefour dans le quartier Larreynaga de Managua et les ont exécutés. Un détachement de soldats de la Garde Nationale sous le commandement du major Rigoberto Duarte, l'un des confidents du général Somoza Garcia, a enterré la dépouille de Sandino.

La Garde Nationale a attaqué l'armée de Sandino en force le lendemain et l'a finalement détruite après un mois de combats. Le général Somoza García forcerait Sacasa à démissionner deux ans plus tard, le 09 Juin 1936, et se déclarerait président du Nicaragua, une position qu'il a confirmée après avoir été élu par une écrasante majorité des électeurs comme président dans l'élection présidentielle de 1936 dans le cadre d'une alliance entre certaines factions des partis Conservateur et Libéral, alliance similaire à celle de 1934. Cela conduirait à la mise en place d'une Somoza dictature et dynastie qui dominait le Nicaragua pendant les quatre prochaines décennies.

Statue Publique d'Augusto Sandino

Chapitre Quatre

L'héritage politique de Sandino serait cependant revendiqué par le Front de Libération nationale sandiniste (FSLN), les descendants politiques de Sandino qui, en 1979, a finalement renversé le gouvernement d'Anastasio Somoza Debayle, le fils d'Anastasio Somoza García. Le FSLN sous son chef Daniel Ortega se trouverait engagé dans un conflit armé contre les Rebelles Contra (Contras — Les nombreux groupes rebelles de droite qui ont opéré au Nicaragua de 1979 au début des années 1990, combattant avec le soutien et le financement des États-Unis d'Amérique, contre le Gouvernement de Reconstruction Nationale des socialistes au pouvoir — Sandinistes) dont les cerveaux se trouvaient être des figures des dynasties politiques de Somoza et de

Chamorro, et leurs alliés, qui travaillaient tous en collaboration avec les États-Unis de Amérique.

Dans les années 80, le nouveau gouvernement sandiniste renomma l'aéroport international de Managua en l'honneur de Sandino, l'appelant «aéroport international Augusto C. Sandino». En 2001, le président pro-Somoza Arnoldo Alemán changera le nom de l'aéroport international de Managua. En 2007, le président Daniel Ortega a renommé l'aéroport à nouveau en l'honneur de Sandino après être revenu au pouvoir en remportant l'élection présidentielle de 2006. Il a président depuis lors, remportant trois élections présidentielles successives.

Il est facile de comprendre pourquoi Sandino est devenu un héros pour beaucoup au Nicaragua et dans une grande partie de l'Amérique Latine. Les gens ont vu en lui une figure de Robin des Bois qui s'opposait à la domination des riches élites du pays et de leurs seigneurs étrangers comme les États-Unis. Ce qu'ils ont également trouvé attachant, c'est le fait que même s'il s'opposait au contrôle Américain du Nicaragua, il aimait les Américains comme lui. Il était également physiquement imposant, et sa photo et sa silhouette, ainsi que le chapeau de cowboy surdimensionné qu'il aimait porter, sont devenus des symboles reconnaissables du Front de Libération nationale sandiniste fondé en 1961 par Carlos Fonseca et Tomás Borge, entre autres, et dirigé plus tard par Daniel Ortega.

Che Guevara, Fidel Castro, Hugo Chávez et plusieurs autres personnalités Latino-Américaines ont idolâtré Sandino. En fait, son style de guérilla a été effectivement utilisé par Fidel Castro pendant ses jours de rebelle à Cuba, par le FSLN (sandinistes) au Nicaragua, le FMLN *(Frente Farabundo Martí para la Liberación Nacional*— Front Farabundo Martí de Libération Nationale) au Salvador; et c'est appliqué par les FARC — EP *(Fuerzas Armadas Revolucionarias de Colombia — Ejércitodel Pueblo* — Forces Armées Révolutionnaires de Colombie — Armée Populaire) en Colombie.

L'artiste Nicaraguayen Róger Pérez de la Rocha a réalisé de nombreux portraits de Sandino — ironique pour un homme dont l'image a été interdite par la dictature de Somoza — ajoutant ainsi à l'iconographie du pays.

Sandino est vénéré au Nicaragua et, en 2010, a été unanimement nommé "Héros National" par le Congrès National. À ce jour, l'identité nationale du Nicaragua continue d'être façonnée par ses descendants politiques, ainsi que par les icônes de son chapeau et de ses bottes à larges bords, et par l'influence de ses œuvres écrites réalisées pendant les années où il a dirigé l'insurrection contre les Marines Américains et les gardes nationaux créés par les forces d'occupation Américaines.

Les histoires abondent sur l'assassinat de Sandino et le sort de son cadavre. En fait, il n'y a pas de compte rendu officiel indiquant que son corps a été retrouvé, c'est pourquoi tous les détails de son assassinat et le sort de son corps restent l'un des mystères les plus persistants de l'histoire du Nicaragua. Il en est ainsi malgré le fait que des témoignages affirment que les gardes ont forcé Sandino et les trois autres captifs au sol, les ont abattus, et puis enterré leurs cadavres. Il y a également des allégations selon lesquelles les partisans de Sandino ont par la suite exhumé le corps de Sandino et l'ont réenterré dans un endroit non divulgué. Cependant, la tradition sandiniste soutient que les assassins du général Somoza ont décapité et démembré Sandino, puis ont livré sa tête coupée au gouvernement Américain en gage de leur loyauté.

Une statue d'Augusto Sandino à Managua, Nicaragua